ATIVIDADES

APRENDIZAGEM

MATEMÁTICA

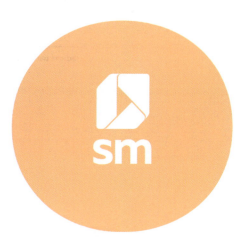

Organizadora: SM Educação
Obra coletiva concebida,
desenvolvida e produzida
por SM Educação.

São Paulo, 2ª edição, 2022

Aprendizagem Matemática 5
© Edições SM Ltda.
Todos os direitos reservados

Direção editorial	Claudia Carvalho Neves
Gerência editorial	Lia Monguilhott Bezerra
Gerência de *design* e produção	André Monteiro
Edição executiva	Isabella Semaan
	Edição: Cristiano Oliveira da Conceição
	Suporte editorial: Fernanda Fortunato
Coordenação de preparação e revisão	DB Produções Editoriais
Colaboração editorial	Patrícia Furtado
Coordenação de *design*	Gilciane Munhoz
Coordenação de arte	Melissa Steiner Rocha Antunes
	Edição de arte: Juliana C. S. Cavalli
Coordenação de iconografia	Josiane Laurentino
	Pesquisa iconográfica: Camila D'Angelo e Marcia Sato
	Tratamento de imagem: Marcelo Casaro
Capa	Casa Rex
Projeto gráfico	DB Produções Editoriais
Editoração eletrônica	DB Produções Editoriais
Pré-impressão	Américo Jesus
Fabricação	Alexander Maeda
Impressão	BMF Gráfica e Editora

Dados Internacionais de Catalogação na Publicação (CIP)
(Câmara Brasileira do Livro, SP, Brasil)

Aprendizagem matemática 5 : atividades / organizadora SM Educação ; obra coletiva concebida, desenvolvida e produzida por SM Educação. — 2. ed. — São Paulo : Edições SM, 2022. — (Aprendizagem matemática)

ISBN 978-85-418-2958-8 (aluno)
ISBN 978-85-418-2955-7 (professor)

1. Matemática (Ensino fundamental) I. Série.

22-110787   CDD-372.7

Índices para catálogo sistemático:
1. Matemática : Ensino fundamental 372.7

Cibele Maria Dias - Bibliotecária - CRB-8/9427

2ª edição, 2022
3ª impressão, março 2024

SM Educação
Avenida Paulista, 1842 – 18º andar, cj. 185, 186 e 187 – Condomínio Cetenco Plaza
Bela Vista 01310-945 São Paulo SP Brasil
Tel. 11 2111-7400
atendimento@grupo-sm.com
www.grupo-sm.com/br

APRESENTAÇÃO

Querido estudante e querida estudante,

A coleção **Aprendizagem Matemática** foi elaborada para você praticar seus conhecimentos em Matemática.

Este material está organizado em oito módulos e, ao final de cada um deles, você encontra as seções *Problemas* e *Explore mais*.

Por meio de atividades variadas, você vai recordar e aplicar os conteúdos estudados.

Desejamos que esta coleção contribua para sua formação.

Bons estudos!

Equipe editorial

SUMÁRIO

MÓDULO 1
NÚMEROS 6
Números de até seis algarismos 6
Comparação e arredondamento 9
PROBLEMAS 10
EXPLORE MAIS 12

MÓDULO 2
ADIÇÃO E SUBTRAÇÃO 14
Adição 14
Subtração 16
Adição e subtração: operações inversas 17
PROBLEMAS 18
EXPLORE MAIS 20

MÓDULO 3
MULTIPLICAÇÃO E DIVISÃO 22
Multiplicação 22
Combinando possibilidades 24
Divisão 25
Divisões exatas ou não exatas 28
Multiplicação e divisão: operações inversas 29
PROBLEMAS 30
EXPLORE MAIS 32

MÓDULO 4
GEOMETRIA 34
Poliedros e corpos redondos 34
Ângulos 35
Polígonos 36
Círculo e circunferência 37
Ampliação e redução de figuras 38
Simetria 39
Localização 40
Coordenadas cartesianas 41
PROBLEMAS 42
EXPLORE MAIS 44

4 QUATRO

MÓDULO 5

FRAÇÕES 46
Revendo as frações 46
Frações equivalentes e comparação de frações 47
Número misto 48
Adição de frações 49
Subtração de frações 50
Porcentagem 51
PROBLEMAS 52
EXPLORE MAIS 54

MÓDULO 6

NÚMEROS DECIMAIS 56
Os números decimais 56
Adição e subtração com números decimais 57
Multiplicação com números decimais 58
Divisão entre dois números naturais com quociente decimal 59
Divisão de um número decimal por um número natural,
com quociente decimal 60
Multiplicação e divisão com decimais por 10, por 100
e por 1 000 61
PROBLEMAS 62
EXPLORE MAIS 64

MÓDULO 7

GRANDEZAS E MEDIDAS 66
Medidas de comprimento 66
Medidas de massa 67
Medidas de capacidade 68
Medidas de temperatura 69
Medidas de tempo 70
O dinheiro 71
Perímetro e área 72
Ideia de volume 73
PROBLEMAS 74
EXPLORE MAIS 76

MÓDULO 8

ESTATÍSTICA E PROBABILIDADE 78
Tabelas e gráficos 78
Média aritmética 81
Chance de um evento ocorrer 82
Cálculo de probabilidade 83
PROBLEMAS 84
EXPLORE MAIS 86

CINCO **5**

MÓDULO 1

NÚMEROS

Números de até seis algarismos

1. Pinte as fichas que apresentam números que tenham pelo menos quatro ordens.

798	1136	95
5	763 228	38 741
908 562	13 097	659

2. Associe os números à sua escrita por extenso.

186	Quatro mil setecentos e noventa e um
4 791	Dezoito mil quinhentos e sete
649 873	Novecentos e dezoito
918	Cento e oitenta e seis
18 507	Seiscentos e quarenta e nove mil, oitocentos e setenta e três

3. Observe o número representado em cada ábaco e, depois, registre esse número com algarismos e por extenso.

a)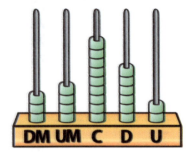

b)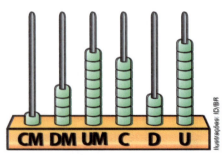

_____

_____

_____

_____

_____

_____

4. Complete as lacunas com o valor que cada algarismo representa nos números dos itens a seguir.

a)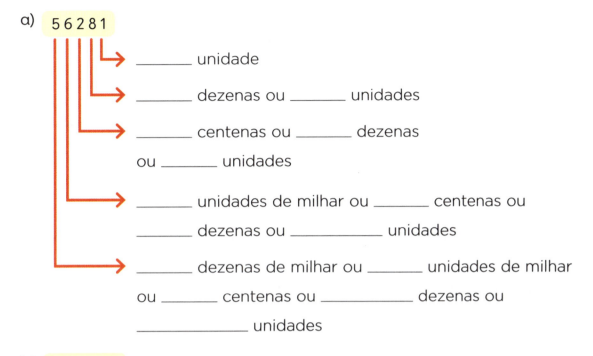

b)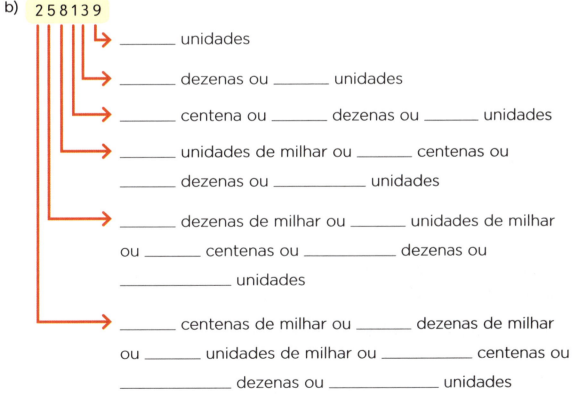

5. Escreva o valor posicional que o algarismo destacado em vermelho assume em cada número a seguir.

a) 15**9** 860: _____

b) **2**38 759: _____

6. Complete a decomposição de cada número a seguir.

a) 39 870

Em ordens: 39 870 = 30 000 + 9 000 + _____ + _____

Em classes: 39 870 = _____ + 870

b) 800 507

Em ordens: 800 507 = _____ + _____ + _____

Em classes: 800 507 = _____ + _____

7. Complete a composição de cada número abaixo. Depois, escreva o número por extenso.

a) 600 000 + 100 + 20 = _____

_____

_____

b) 20 000 + 1000 + 500 + 90 + 8 = _____

_____

_____

c) 458 000 + 312 = _____

_____

_____

8. Marque com um **X** as fichas que apresentam uma decomposição correta do número 498 765.

a) ☐ 400 000 + 90 000 + 705

b) ☐ 4 CM + 9 C + 8 D + 7 U

c) ☐ 400 000 + 90 000 + 8 000 + 700 + 60 + 5

d) ☐ 4 CM + 98 UM + 76 D + 5 U

Comparação e arredondamento

9. Registre os números de cada ficha a seguir no quadro de ordens.

12 378   540 981   502 827   457 023

Classe dos milhares			Classe das unidades simples		
6ª ordem	5ª ordem	4ª ordem	3ª ordem	2ª ordem	1ª ordem
CM	DM	UM	C	D	U

Agora, responda às questões a seguir.

a) Qual desses números é o maior? E qual é o menor?

_____

b) Como os números de cada ficha podem ser organizados em ordem decrescente?

_____

10. Compare os números a seguir usando os símbolos > (maior que), < (menor que) ou = (igual a).

a) 65 099 _____ 65 990

b) 402 220 _____ 402 202

c) 302 940 _____ 302 940

d) 855 033 _____ 855 009

11. Em cada item, indique na reta numérica a posição aproximada do número e arredonde-o de acordo com o que se pede.

a) 130 090

130 000   135 000   140 000

Arredondamento para a dezena de milhar inteira mais próxima: _____

b) 971 350

971 000   971 500   972 000

Arredondamento para a unidade de milhar inteira mais próxima: _____

nove **9**

PROBLEMAS

1. Um cliente foi retirar um pedido na transportadora e entregou um protocolo com o número do pedido: doze mil quatrocentos e sessenta e dois.

a) Qual das caixas acima corresponde ao pedido desse cliente?
_____

b) Escreva os números das caixas em ordem crescente.
_____

2. A professora Vânia escreveu um número na lousa e pediu aos estudantes que fizessem a decomposição dele. Artur fez corretamente a decomposição solicitada pela professora. Veja a resposta dele:

$$7 \times 100\,000 + 4 \times 10\,000 + 8 \times 1\,000 + 2 \times 100$$

a) Qual é o número que a professora escreveu?
_____

b) Quantas unidades o algarismo 4 representa nesse número?
_____

3. Leia ao lado o trecho de uma notícia.

Em 2020, qual era a quantidade de escolas públicas e privadas de Educação Básica no Brasil? Escreva usando algarismos.

> Segundo o Ministério da Educação, a quantidade de escolas públicas e privadas de Educação Básica no Brasil no ano de 2020 era de cento e setenta e nove mil quinhentas e trinta e três escolas.
>
> Fonte de pesquisa: *Agência Brasil*, 29 jan. 2021. Disponível em: https://agenciabrasil.ebc.com.br/educacao/noticia/2021-01/censo-escolar-2020-aponta-reducao-de-matriculas-no-ensino-basico. Acesso em: 1º jun. 2022.

4. Quatro amigos estão jogando *videogame*. Veja o total de pontos que cada um fez na primeira partida do jogo.

Total de pontos obtidos na primeira partida	
Jogador	Pontos obtidos
Alice	560 456
Beatriz	560 399
Raul	559 635
Vitória	560 409

Dados obtidos por Alice, Beatriz, Raul e Vitória.

a) Aproxime a quantidade de pontos de Alice para a dezena de milhar inteira mais próxima.

_____

b) Quantos desses jogadores fizeram aproximadamente 560 000 pontos nessa partida?

_____

5. Segundo o Instituto Brasileiro de Geografia e Estatística (IBGE), a população estimada da cidade de Aracaju, capital do estado de Sergipe, em 2020, era 664 908 habitantes.

Trecho de passarela que dá acesso à praia de Cinelândia, Aracaju, SE. Foto de 2021.

a) Qual é o arredondamento do número 664 908 para a dezena de milhar inteira mais próxima?

_____

b) E qual é o arredondamento do número 664 908 para a unidade de milhar inteira mais próxima?

_____

onze **11**

EXPLORE MAIS

1. Observe os números representados a seguir.

   630 000   253 000   831 475
   258 356   8 305
   351 248   932 187   53 976

   Em quais deles o valor posicional do algarismo 3 é 30 000?

   a) ☐ 258 356, 351 248 e 630 000.
   b) ☐ 630 000, 831 475 e 932 187.
   c) ☐ 253 000, 630 000 e 831 475.
   d) ☐ 53 976, 258 356 e 630 000.

2. Podemos representar números usando códigos. Observe a legenda a seguir com o valor correspondente a cada símbolo.

   Usando esses símbolos, Ivo escreveu o código a seguir.

   Que número pode ser associado ao código escrito por Ivo?

   a) ☐ 52 611
   b) ☐ 502 611
   c) ☐ 526 101
   d) ☐ 526 011

3. Observe os números indicados na reta numérica.

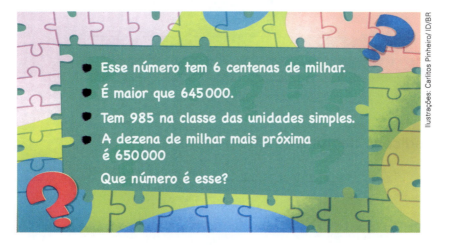

Marque com um **X** a alternativa correta.

a) ☐ O arredondamento do número 361 600 para a dezena de milhar inteira mais próxima é 350 000.

b) ☐ O arredondamento do número 383 500 para a dezena de milhar inteira mais próxima é 390 000.

c) ☐ O arredondamento dos números 375 010 e 383 500 para a centena de milhar inteira mais próxima é 400 000.

d) ☐ O arredondamento do número 361 600 para a centena de milhar inteira mais próxima é 300 000.

4. A professora Bia propôs o seguinte enigma para a turma dela:

- Esse número tem 6 centenas de milhar.
- É maior que 645 000.
- Tem 985 na classe das unidades simples.
- A dezena de milhar mais próxima é 650 000
- Que número é esse?

Veja a resposta de quatro estudantes.

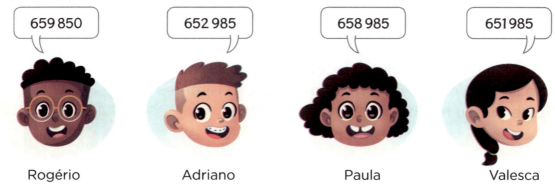

Rogério: 659 850
Adriano: 652 985
Paula: 658 985
Valesca: 651 985

Há mais de um número que desvenda esse enigma, e dois estudantes responderam a ele corretamente. Quem foram esses estudantes?

a) ☐ Adriano e Valesca.   c) ☐ Rogério e Paula.

b) ☐ Adriano e Paula.   d) ☐ Rogério e Valesca.

treze 13

MÓDULO 2 — ADIÇÃO E SUBTRAÇÃO

Adição

1. Calcule o resultado da adição 14 360 + 5 538 da maneira que se pede em cada item.

a) Decompondo os números em suas ordens.

b) Utilizando o algoritmo usual.

DM	UM	C	D	U

+

2. Efetue as adições da maneira que preferir.

a) 97 458 + 25 139 = _____

b) 12 005 + 37 = _____

3. O Museu de Arqueologia recebeu 1143 visitantes no sábado e 1254 no domingo. Quantos visitantes esse museu recebeu nesses dois dias?

14 catorze

MÓDULO 2

4. Identifique a propriedade da adição que está sendo utilizada em cada ficha e, depois, faça a associação.

226 + 110 = 110 + 226

Propriedade comutativa

3 450 + 0 = 3 450

(25 + 10) + 11 = 25 + (10 + 11)

Propriedade associativa

220 153 + 0 = 220 153

1 110 + 220 = 220 + 1 110

Elemento neutro

17 + (23 + 50) = (17 + 23) + 50

5. Complete cada lacuna para tornar a igualdade verdadeira.

a) 258 132 + 587 320 = _____ + 258 132

b) (120 890 + 320 178) + 231 560 = 120 890 + (_____ + 231 560)

c) 233 500 + _____ = 233 500

d) 561 980 + 112 003 = _____ + 561 980

6. Agora, identifique a propriedade da adição utilizada em cada item da atividade **5**.

a) _____

b) _____

c) _____

d) _____

quinze **15**

Subtração

7. Efetue as subtrações a seguir utilizando o algoritmo usual.

a) 145 048 − 2 741 = _____

b) 1 541 − 563 = _____

c) 8 040 − 584 = _____

d) 94 301 − 4 725 = _____

8. Em uma campanha de arrecadação de roupas, foram recolhidas 26 500 peças em uma semana. De segunda-feira a sexta-feira, foram coletadas 13 850 peças. Quantas peças foram arrecadadas no sábado e no domingo dessa semana?

_____

9. Elabore um problema que envolva a seguinte subtração:

24 500 − 12 350 = 12 150

_____

_____

_____

MÓDULO 2

Adição e subtração: operações inversas

10. Utilize a operação inversa para determinar o termo que falta em cada item.

a) $32\,567 +$ _____ $= 58\,548$

_____ $-$ _____ $=$ _____

b) _____ $+ 64\,871 = 116\,597$

_____ $-$ _____ $=$ _____

c) _____ $- 42\,697 = 2\,623$

_____ $+$ _____ $=$ _____

d) _____ $- 22\,725 = 2\,623$

_____ $+$ _____ $=$ _____

e) $345\,789 +$ _____ $= 489\,765$

_____ $-$ _____ $=$ _____

f) _____ $+ 431\,654 = 710\,989$

_____ $-$ _____ $=$ _____

g) _____ $- 643\,472 = 172\,062$

_____ $+$ _____ $=$ _____

h) _____ $- 278\,752 = 70\,922$

_____ $+$ _____ $=$ _____

i) _____ $+ 537\,460 = 752\,034$

_____ $-$ _____ $=$ _____

j) _____ $- 39\,187 = 88\,092$

_____ $+$ _____ $=$ _____

dezessete **17**

PROBLEMAS

1. Em uma campanha, uma instituição de apoio social arrecadou a seguinte quantidade de alimentos não perecíveis:

   - 135 489 quilogramas no sábado;
   - 478 956 quilogramas no domingo.

   a) Quantos quilogramas de alimentos não perecíveis foram arrecadados por essa instituição nos dois dias?

Cestas básicas arrecadadas para doação. Foto de 2020.

   b) Em qual desses dias houve a maior arrecadação de alimentos? Quantos quilogramas a mais?

2. Uma campanha de vacinação tinha a meta de atender mais de 600 000 crianças em duas semanas.

   Na primeira semana, foram vacinadas 253 987 crianças. Quantas crianças, aproximadamente, precisariam ser vacinadas na segunda semana para a prefeitura atingir a meta?

3. Ao pesquisar a população de Cuiabá, capital de Mato Grosso, Mercedes encontrou os seguintes dados:

População do município de Cuiabá	
Ano	População (habitantes)
2010	551 098
2021	623 614

Fonte de pesquisa: IBGE Cidades. Disponível em: https://cidades.ibge.gov.br/brasil/mt/cuiaba/panorama. Acesso em: 11 abr. 2022.

Vista aérea de parte da cidade de Cuiabá, MT. Foto de 2021.

Mercedes queria saber qual foi o aumento da população desse município ao longo desse período e, para isso, fez este cálculo:

$$623\,614 - 551\,098 = 72\,516$$

a) Qual operação pode ser feita para verificar se o cálculo de Mercedes está correto?

_____

b) Sabendo que em 2020 a população de Cuiabá era 618 124 habitantes, aproximadamente, de quanto foi o aumento desse ano para 2021?

_____

4. Luiz está brincando com um jogo de *videogame*. Na primeira fase, ele fez 2 457 pontos. Na segunda fase, foi ainda melhor, conseguindo mais 2 654 pontos. Para ganhar o jogo, Luiz precisa completar 7 000 pontos até o fim da terceira fase. Quantos pontos ele ainda precisa fazer para ganhar o jogo?

_____

dezenove 19

EXPLORE MAIS

1. A Secretaria de Educação de um município fez um levantamento do total de estudantes matriculados nas escolas municipais ao longo de três anos. Os dados sobre o número de estudantes estão organizados na tabela a seguir.

Estudantes matriculados nas escolas municipais	
Ano	Número de estudantes
2020	156 845
2021	159 987
2022	165 745

Dados obtidos pela Secretaria de Educação do município.

Qual foi a diferença entre o número de estudantes matriculados em 2022 e em 2020?

a) ☐ 3 142

b) ☐ 5 758

c) ☐ 8 900

d) ☐ 11 000

2. Leia o texto a seguir.

> Uma empresa iniciou um projeto que consiste na recuperação de áreas desmatadas. Para isso, ela está plantando árvores nativas. No primeiro ano do projeto, foram plantadas 278 655 mudas; no segundo ano, 114 789 mudas; e, no terceiro ano, 89 456 mudas.

Considerando as informações do texto, uma pergunta que pode ser feita para que a resposta seja dada pela adição 278 655 + 89 456 = 368 111 é:

a) ☐ Quantas mudas de árvore foram plantadas nos dois primeiros anos do projeto?

b) ☐ Quantas mudas de árvore foram plantadas no primeiro e no terceiro ano do projeto?

c) ☐ Quantas mudas de árvore foram plantadas nesses três anos?

d) ☐ Quantas mudas de árvores foram plantadas no primeiro ano a mais que no terceiro ano do projeto?

3. Leia esta afirmação.

> O número que deve ser adicionado a 456 872 para obter 789 324 é 332 452.

Qual das operações a seguir pode ser realizada para verificar se a afirmação acima está correta?

a) ☐ 789 324 − 456 872 = 332 452

b) ☐ 456 872 + 789 324 = 332 452

c) ☐ 789 324 + 456 872 = 1 246 196

d) ☐ 789 324 + 332 452 = 1 121 776

4. Considere as igualdades a seguir.

> 855 + 655 = 800 + 600 + 110
> 800 + 55 + 600 + 55 = 800 + 600 + 110
> 800 + 55 + 600 + 55 − 110 = 800 + 600 + 110 − ■

Para que a última igualdade seja verdadeira, qual deve ser o valor de ■?

a) ☐ 55

b) ☐ 110

c) ☐ 220

d) ☐ 0

5. Observe o quadro a seguir.

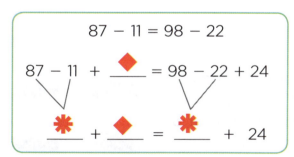

Para que a última igualdade seja verdadeira, qual deve ser o valor de ◆ e de ✱?

a) ☐ ◆ = 22 e ✱ = 87

b) ☐ ◆ = 22 e ✱ = 11

c) ☐ ◆ = 24 e ✱ = 76

d) ☐ ◆ = 24 e ✱ = 98

MÓDULO 3
MULTIPLICAÇÃO E DIVISÃO

Multiplicação

1. Durante 5 meses, Milena guardou R$ 120,00 por mês para comprar um computador. Quantos reais Milena conseguiu guardar nesse período?

2. Nesta semana, Ricardo ajudou os tios a colher pés de alface que eles haviam plantado no sítio em que moram. Essa plantação estava organizada em 15 fileiras com 28 pés cada uma. Quantos pés de alface Ricardo e os tios colheram?

3. Elabore um problema que possa ser resolvido com uma ou mais multiplicações para determinar o total de morangos ao lado.

22 vinte e dois

MÓDULO 3

4. Calcule o produto das multiplicações da maneira que preferir.

a) $320 \times 13 =$ _____

c) $25 \times 3572 =$ _____

b) $19 \times 2354 =$ _____

d) $37 \times 11258 =$ _____

5. Calcule o resultado das multiplicações a seguir. Depois, pinte o resultado em cada linha do quadro.

Operação	Resultado		
640×95	610 800	60 800	50 800
237×8	948	1602	1896
450×9	4 050	5 040	3 650

vinte e três   23

Combinando possibilidades

6. Vítor vai tomar um lanche depois de realizar alguns exames. Ele pode escolher uma bebida e um salgado. Veja no quadro a seguir as opções que a lanchonete oferece.

	Pão de queijo	Sanduíche	Empada
Café			
Chá			
Chocolate gelado			
Suco de laranja			

Ilustrações: Carlitos Pinheiro/ID/BR

a) Preencha o quadro para mostrar todas as possibilidades que Vítor tem para compor o lanche dele.

b) De quantas maneiras diferentes Vítor pode compor seu lanche?

_____

c) Depois de fazer uma pesquisa com os clientes, a lanchonete do laboratório decidiu oferecer mais um tipo de salgado: esfirra de carne. Com a inclusão desse item no cardápio, quantas possibilidades os clientes vão ter para compor o lanche?

_____

Divisão

7. Em uma fábrica de bichos de pelúcia, são produzidas 240 unidades por dia. Nessa fábrica, a produção é armazenada em caixas com 12 bichos de pelúcia cada uma. Quantas caixas são necessárias para armazenar a produção de um dia?

_____

8. Leia o que Laura está dizendo.

Vou fazer pacotes com balas para distribuir às crianças. Tenho 1230 balas e vou colocar 6 balas em cada um deles. Assim, posso fazer no máximo 200 pacotes.

a) A previsão de Laura está correta? Justifique.

_____
_____
_____

b) Qual é a quantidade exata de pacotes de bala que Laura pode fazer?

_____

9. Augusto vai dividir entre seus três enteados um prêmio que ganhou. O valor do prêmio foi R$ 876,00. Quanto cada enteado vai receber?

_____

10. Gustavo quer comprar a bicicleta mostrada ao lado.

a) Se Gustavo comprar e pagar a bicicleta em 4 prestações, qual será o valor de cada prestação?

R$ 384,00 em até 16 prestações iguais e sem juros!

_____

b) E se Gustavo pagar a bicicleta em 8 prestações, qual será o valor de cada prestação?

_____

c) E se ele pagar a bicicleta em 16 prestações, qual será o valor de cada prestação?

_____

MÓDULO 3

11. Observe no quadro abaixo como Martim calculou o resultado de $428 \div 4$. Depois, use a estratégia dele para calcular o resultado de cada uma das divisões.

$$428 \div 4$$
$$428 = 400 + 28$$
$$400 \div 4 = 100 \text{ e } 28 \div 4 = 7$$
$$428 \div 4 = 100 + 7 = 107$$

a) $432 \div 4 = $ _____

d) $624 \div 3 = $ _____

b) $640 \div 5 = $ _____

e) $749 \div 7 = $ _____

c) $981 \div 9 = $ _____

f) $850 \div 2 = $ _____

vinte e sete **27**

Divisões exatas ou não exatas

12. Calcule o resultado de cada divisão por meio do algoritmo usual. Depois, classifique-as em exatas ou não exatas.

a) $320 \div 8$

d) $535 \div 15$

b) $410 \div 7$

e) $720 \div 90$

c) $235 \div 9$

f) $595 \div 17$

MÓDULO 3

Multiplicação e divisão: operações inversas

13. Efetue as divisões a seguir. Depois, em cada item, faça uma multiplicação para conferir o resultado.

a) $36 \div 2 =$ _____

d) $2845 \div 5 =$ _____

b) $428 \div 4 =$ _____

e) $6776 \div 77 =$ _____

c) $966 \div 23 =$ _____

f) $8744 \div 4 =$ _____

vinte e nove 29

PROBLEMAS

1. Fabiano guardou 125 reais por mês durante 12 meses para comprar um dos produtos representados a seguir.

Telefone celular.   Notebook.   Videogame.   Tablet.

Imagens sem proporção de tamanho entre si.

a) Considerando que Fabiano usou todo o dinheiro que guardou, qual foi o produto que ele comprou?

_____

b) Se ele usasse esse dinheiro como entrada para comprar o *videogame*, pagando o restante em 5 prestações iguais sem juros, qual seria o valor de cada prestação?

_____

2. Em um jogo feminino de futebol realizado no início de 2022, compareceram cerca de 52 mil pessoas. Sabendo que a área do campo utilizado na partida tem 13 mil metros quadrados, estime a quantidade de pessoas por metro quadrado presentes nesse evento.

_____

3. Para determinar a quantidade de possibilidades para compor o uniforme de um time, Leonardo começou a construir uma árvore de possibilidades, mas ainda não terminou. Veja a seguir.

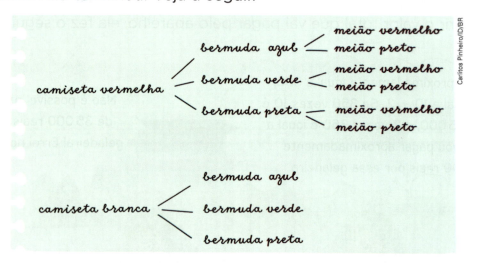

Considerando 2 opções de camiseta, 3 de bermuda e 2 de meião, de quantas maneiras diferentes pode ser composto o uniforme do time?

___

4. Divida a figura a seguir em duas partes, de modo que uma delas tenha um quarto da área da outra.

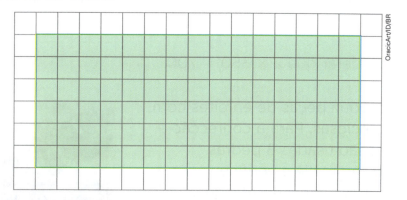

5. Jônatas e Fernanda vão presentear Clara com quantias em dinheiro para que ela compre um patinete de R$ 360,00.

Sabendo que Fernanda vai dar o dobro da quantia de Jônatas, quanto cada um deles vai dar a Clara?

EXPLORE MAIS

1. Ana quer comprar uma geladeira em 12 prestações de 356 reais. Para descobrir o valor total que vai pagar pelo aparelho, ela fez o seguinte cálculo:

Em que momento Ana cometeu um erro em seus cálculos?

a) ☐ Ao considerar que 356 é aproximadamente igual a 350.

b) ☐ Ao considerar que 350 × 12 = 350 × 10 + 350 × 2.

c) ☐ Ao considerar que 350 × 10 = 35 000.

d) ☐ Ao considerar que 2 × 350 = 700.

2. Uma artesã produz peças de enfeites com pedras semipreciosas. Para a confecção de cada peça, são usadas 8 pedras. Ela organizou seu ateliê e verificou que ainda há 545 pedras no estoque.

Com essa quantidade de pedras, ela pode produzir:

Pedras semipreciosas.

a) ☐ 68 peças e não vai sobrar pedra.

b) ☐ 68 peças e vai sobrar 1 pedra.

c) ☐ 68 peças e vão sobrar 5 pedras.

d) ☐ 68 peças e vão sobrar 6 pedras.

MÓDULO 3

3. Em um campeonato de basquete na escola, 120 estudantes se inscreveram para participar. O professor que está organizando o campeonato pretende formar 14 times (com jogadores + reservas). Ao fazer a distribuição, para que todos os 120 estudantes fiquem em algum dos 14 times, o professor poderá obter:

a) ☐ 6 times com 9 alunos e 8 times com 8 alunos.

b) ☐ 7 times com 9 alunos e 7 times com 8 alunos.

c) ☐ 8 times com 9 alunos e 6 times com 8 alunos.

d) ☐ 9 times com 9 alunos e 5 times com 8 alunos.

4. Gabriela e Júlia compraram um aparelho de televisão para dar de presente à avó delas. Por ter o menor salário, Gabriela contribuiu com o menor valor. Júlia, por sua vez, contribuiu com o dobro do valor de Gabriela.

Sabendo que as jovens pagaram 2 100 reais pelo televisor, com quantos reais cada uma contribuiu?

a) ☐ Gabriela contribuiu com 700 reais, e Júlia, com 700 reais.

b) ☐ Gabriela contribuiu com 700 reais, e Júlia, com 1 400 reais.

c) ☐ Gabriela contribuiu com 1 050 reais, e Júlia, com 1 050 reais.

d) ☐ Gabriela contribuiu com 1 400 reais, e Júlia, com 700 reais.

trinta e três 33

MÓDULO 4

GEOMETRIA

Poliedros e corpos redondos

1. Analise as figuras geométricas não planas representadas a seguir.

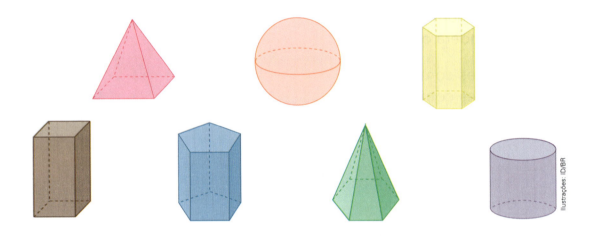

a) Essas figuras representam sólidos geométricos. Entre esses sólidos, contorne os que são poliedros.

b) Complete a sentença: As figuras que não foram contornadas têm partes _____ e podem ser chamadas de _____.

2. Complete o quadro a seguir com base nos poliedros representados.

Poliedro			
Número de faces			
Número de vértices			
Número de arestas			

34 trinta e quatro

Ângulos

3. Observe os ângulos destacados nas imagens a seguir. Depois, classifique cada um deles em igual a um ângulo reto, menor que um ângulo reto ou maior que um ângulo reto.

Imagens sem proporção de tamanho entre si.

a)

Relógio de ponteiros.

_____
_____

b)

Casa flutuante em Manaus, AM. Foto de 2019.

_____
_____

c)

Fachada do Palácio do Planalto, Brasília, DF. Foto de 2021.

_____
_____

4. Identifique os ângulos na figura a seguir, de acordo com as cores indicadas na legenda.

 ângulos menores que um ângulo reto

 ângulos maiores que um ângulo reto

 ângulos iguais a um ângulo reto

Polígonos

5. Analise as figuras e, depois, em cada item, marque com um **X** as figuras que não representam polígonos.

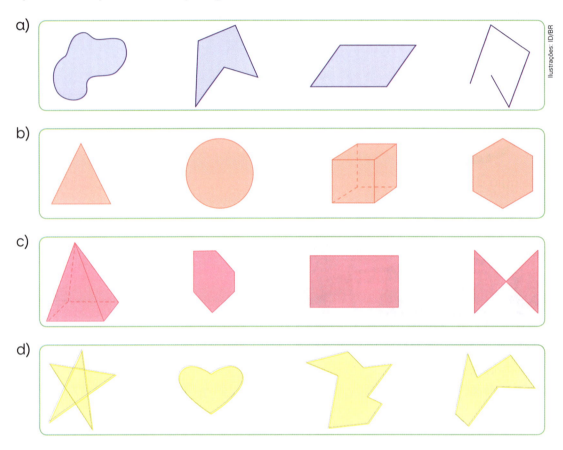

6. Faça o que se pede em cada item.

a) Com uma régua e um esquadro, desenhe no quadro a seguir dois retângulos diferentes.

b) Qual é a diferença entre os retângulos que você desenhou? O que eles têm de parecido?

_____

_____

_____

Círculo e circunferência

7. Providencie um objeto que tenha uma parte circular, como um copo de plástico resistente ou uma moeda, para realizar esta atividade.

a) Posicione o objeto como mostrado a seguir e faça o contorno dele no espaço indicado.

b) Agora, pinte o interior do contorno traçado no item anterior. Qual é o nome da figura obtida?

_____

8. Quantos círculos você identifica na obra de arte a seguir?

Wassily Kandinsky. *Círculos em um círculo*, 1923. Óleo sobre tela. 77,5 cm × 100 cm.

Ampliação e redução de figuras

9. Observe as figuras desenhadas na malha quadriculada a seguir.

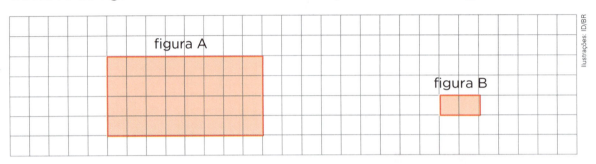

A figura B é uma ampliação ou uma redução da figura A? Justifique.

_____

_____

10. Na malha quadriculada abaixo, desenhe uma figura multiplicando por 2 apenas as medidas dos lados verticais da figura verde.

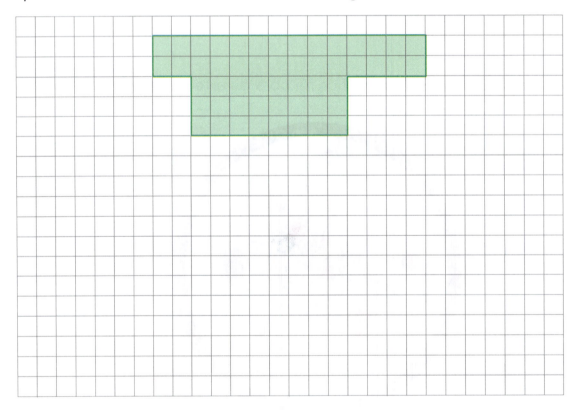

A figura que você desenhou é uma ampliação da figura verde? Explique.

_____

_____

MÓDULO 4

Simetria

11. Com uma régua, trace todos os eixos de simetria de cada uma das figuras.

a)

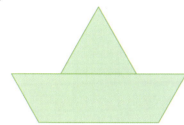

b)

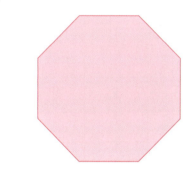

c)

12. Complete a figura para que ela apresente simetria em relação à linha vermelha (eixo de simetria). Depois, pinte o desenho obtido.

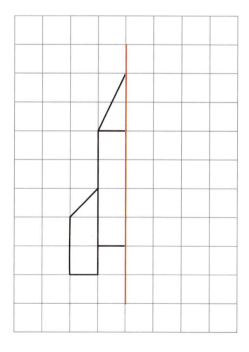

trinta e nove 39

Localização

13. Veja as figuras representadas na malha quadriculada a seguir.

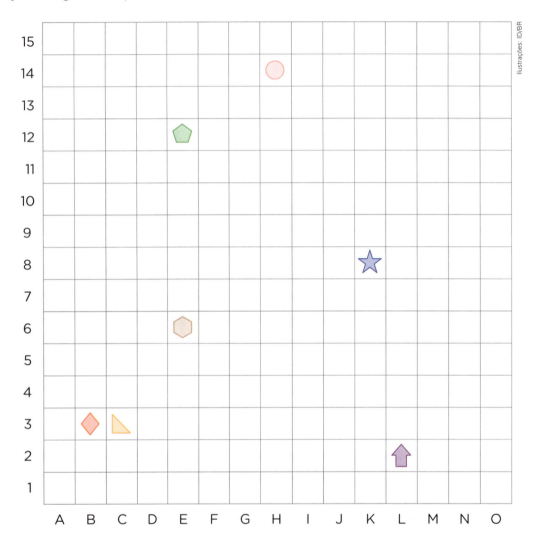

a) Qual é o nome da figura representada em C3?

_____

b) Como podemos indicar a localização do círculo?

_____

c) Desenhe um quadrado na região cuja localização é H9.

d) Indique a localização de quatro figuras (diferentes das figuras dos itens **a**, **b** e **c**) representadas na malha.

_____

_____

Coordenadas cartesianas

14. Observe a representação a seguir e, depois, faça o que se pede.

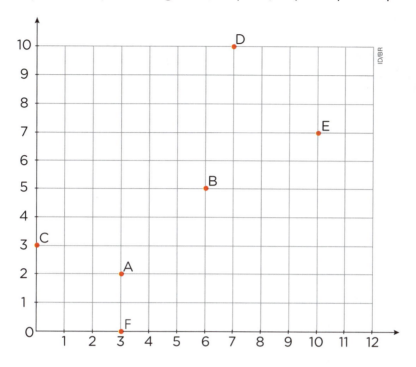

a) Qual é o ponto de coordenadas (0, 3)?
_____

b) Se o ponto A for deslocado 3 quadradinhos para a direita e 3 quadradinhos para cima, ele vai chegar a qual ponto?
_____

c) Se o ponto F for deslocado 5 quadradinhos para a direita e 4 quadradinhos para cima, ele vai chegar ao ponto G. Marque o ponto G na representação acima.

d) Descreva como podemos deslocar o ponto D para que ele chegue ao ponto E.
_____
_____

e) Descreva como podemos deslocar o ponto A para que ele chegue ao ponto C.
_____
_____

PROBLEMAS

1. Vanessa escondeu um modelo de sólido geométrico atrás do caderno. Leia o que ela diz sobre esse modelo.

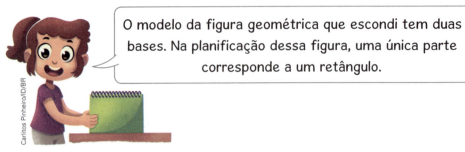

O modelo da figura geométrica que escondi tem duas bases. Na planificação dessa figura, uma única parte corresponde a um retângulo.

a) Circule a seguir o modelo que Vanessa escondeu.

b) Escreva o nome desse sólido geométrico: _____

2. Adriano quer representar a planificação da superfície de um cubo utilizando cartões de formato quadrado e fita adesiva.

Qual é a quantidade de cartões que ele deve usar para representar essa planificação?

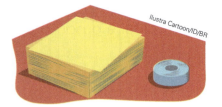

_____

3. Considere a imagem a seguir e as linhas vermelhas 1, 2, 3 e 4.

Quais dessas linhas representam eixos de simetria?

_____

42 quarenta e dois

MÓDULO 4

4. Observe como o gerente de uma loja está organizando os dados sobre as vendas do mês em uma planilha eletrônica.

	A	B	C	D	E
1	Total das vendas por semana conforme tipo de pagamento				
2	Tipo de pagamento	Período			
3		1ª semana	2ª semana	3ª semana	4ª semana
4	Dinheiro				
5	Débito				
6	Crédito				
7					

a) O que o gerente registrou na célula D3?

_____

b) Sabendo que na 2ª semana a loja recebeu 5 000 reais de pagamento em dinheiro, o gerente deve colocar essa informação em qual célula?

_____

5. Uma técnica usada para copiar desenhos é quadricular a imagem original e identificar as colunas e as linhas que formam o quadriculado. Veja o exemplo a seguir, com base no desenho pronto de um cachorro e a cópia desse desenho, que ainda não está completa.

Desenho pronto

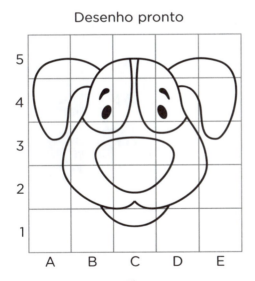

Cópia do desenho

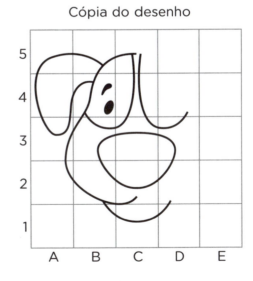

a) Na cópia do desenho, o olho que ainda não foi desenhado deve ser representado em qual quadrinho?

_____

b) No desenho pronto, quantos quadrinhos ficam sem traçado algum?

_____

quarenta e três

EXPLORE MAIS

1. Determinado poliedro tem 9 arestas, 6 vértices e 5 faces. Entre os poliedros a seguir, qual tem todas essas características?

   a) ☐ 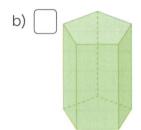   b) ☐ 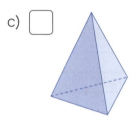   c) ☐ 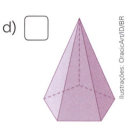   d) ☐

2. Marque com um **X** a descrição que corresponde à de um cilindro.

   a) ☐ É um corpo redondo que tem 1 vértice e 1 uma única base circular.

   b) ☐ É um corpo redondo que tem 2 bases circulares e 2 vértices.

   c) ☐ É um corpo redondo que tem 1 única base circular.

   d) ☐ É um corpo redondo que tem 2 bases circulares e não tem vértice.

3. Marcos usou um botão para desenhar 3 circunferências e 1 círculo. Qual dos desenhos a seguir pode ser o de Marcos?

   a) ☐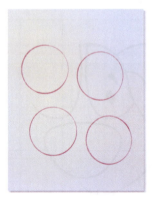

   c) ☐

   b) ☐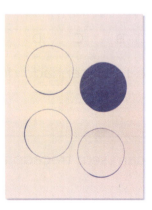

   d) ☐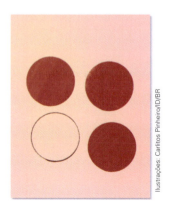

44 quarenta e quatro

4. Veja os pontos que Sabrina representou em um plano cartesiano.

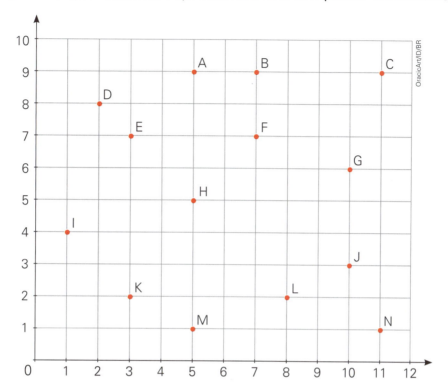

Agora, Sabrina vai unir quatro desses pontos por meio de segmentos de reta para obter um quadrado. Os pontos que ela deve unir têm coordenadas:

a) ☐ (5, 9), (7, 9), (7, 7) e (3, 7).   c) ☐ (5, 5), (3, 7), (1, 4) e (3, 2).

b) ☐ (5, 9), (7, 7), (5, 5) e (3, 7).   d) ☐ (9, 5), (7, 7), (5, 5) e (7, 3).

5. Considere o plano cartesiano representado na atividade **4**. Depois, leia o que Samira está pensando e marque com um **X** a alternativa que completa corretamente a frase em que ela pensou.

Ao deslocar o ponto H dois quadradinhos para a direita e dois quadradinhos para cima, esse ponto coincidirá com o ponto...

a) ☐ A.   b) ☐ B.   c) ☐ E.   d) ☐ F.

quarenta e cinco **45**

MÓDULO 5

FRAÇÕES

Revendo as frações

1. Escreva a fração correspondente à parte pintada de rosa em cada figura.

a)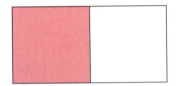

d)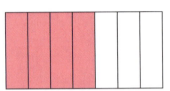

b)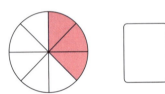

e)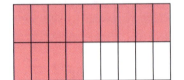

c)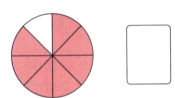

f)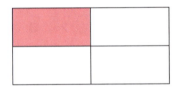

2. Observe a reta numérica a seguir e, depois, faça o que se pede.

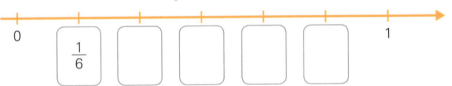

a) Em quantas partes iguais está dividido o intervalo de 0 a 1?

_____

b) Cada parte do intervalo de 0 a 1 corresponde a qual fração desse intervalo?

c) Localize as frações $\frac{2}{6}$, $\frac{3}{6}$, $\frac{4}{6}$ e $\frac{5}{6}$ na reta numérica acima.

d) É possível localizar a fração $\frac{6}{6}$ nessa reta numérica? Explique.

_____

_____

Frações equivalentes e comparação de frações

3. Complete as sequências de frações equivalentes.

a)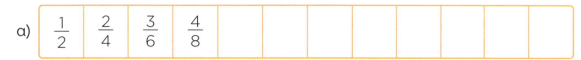

b)

c)

d)

4. Observe a figura a seguir e, depois, responda às perguntas.

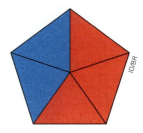

a) Que fração indica as partes da figura que são pintadas de:

- azul? ☐
- vermelho? ☐

b) A parte da figura pintada de vermelho é maior ou menor que a pintada de azul?

_____

5. Preencha as lacunas de cada item utilizando os símbolos < (menor que), > (maior que) ou = (igual a).

a) $\dfrac{4}{5}$ _____ $\dfrac{2}{5}$ d) $\dfrac{9}{27}$ _____ $\dfrac{1}{3}$ g) $\dfrac{8}{18}$ _____ $\dfrac{10}{17}$

b) $\dfrac{7}{3}$ _____ $\dfrac{2}{5}$ e) $\dfrac{21}{35}$ _____ $\dfrac{12}{35}$ h) $\dfrac{24}{4}$ _____ $\dfrac{18}{3}$

c) $\dfrac{5}{6}$ _____ $\dfrac{8}{7}$ f) $\dfrac{2}{4}$ _____ $\dfrac{7}{14}$ i) $\dfrac{9}{4}$ _____ $\dfrac{12}{5}$

quarenta e sete

Número misto

6. Associe cada número misto à sua escrita por extenso.

Dois inteiros e três quartos.   Cinco inteiros e quatro nonos.   Três inteiros e cinco sextos.   Quatro inteiros e três oitavos.

7. Escreva nos quadrinhos um número misto para representar as partes pintadas de verde das figuras em cada item.

a)

b)

c)

d)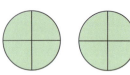

e)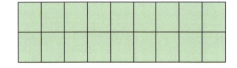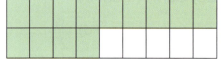

f)

Adição de frações

8. Escreva uma adição de frações para representar as partes amarela e vermelha juntas em cada espaço a seguir.

a)

b)

c)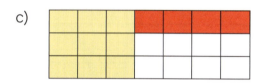

d)

e)

9. Calcule o resultado das adições a seguir.

a) $\dfrac{3}{8} + \dfrac{2}{8} =$

b) $\dfrac{15}{9} + \dfrac{6}{9} =$

c) $\dfrac{3}{6} + \dfrac{5}{6} =$

d) $\dfrac{6}{3} + \dfrac{9}{3} =$

e) $\dfrac{44}{101} + \dfrac{23}{101} =$

f) $\dfrac{100}{900} + \dfrac{30}{900} =$

g) $\dfrac{12}{28} + \dfrac{15}{28} =$

h) $\dfrac{125}{50} + \dfrac{225}{50} =$

quarenta e nove 49

Subtração de frações

10. Escreva, para cada figura, uma subtração de frações em que o resultado corresponda à fração que indica a parte em branco.

a)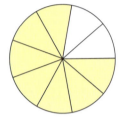

b)

c)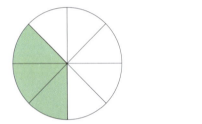

d)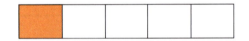

e)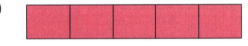

11. Calcule o resultado das subtrações a seguir.

a) $\dfrac{6}{9} - \dfrac{4}{9} =$

b) $\dfrac{4}{7} - \dfrac{1}{7} =$

c) $\dfrac{7}{15} - \dfrac{2}{15} =$

d) $\dfrac{15}{21} - \dfrac{9}{21} =$

e) $\dfrac{27}{98} - \dfrac{13}{98} =$

f) $\dfrac{100}{850} - \dfrac{40}{850} =$

g) $\dfrac{52}{73} - \dfrac{31}{73} =$

h) $\dfrac{34}{19} - \dfrac{15}{19} =$

Porcentagem

12. Escreva as porcentagens na forma de fração com denominador 100. Depois, pinte os quadrinhos para representar a porcentagem em cada item.

a) 8% = ☐

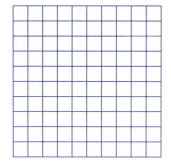

c) 100% = ☐

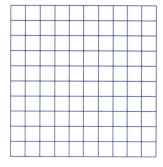

b) 98% = ☐

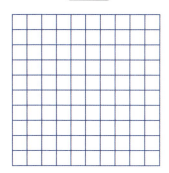

d) 28% = ☐

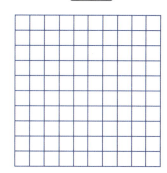

13. Leia as informações do quadro.

- 10% de 800 reais correspondem a 80 reais.
- 5% de 800 reais correspondem a 40 reais, pois, se 5% é metade de 10%, então 5% de 800 reais é a metade de 10% de 800 reais.

Agora, calcule e complete cada item a seguir de acordo com o texto acima.

a) 15% de 800 reais correspondem a _____

b) 20% de 800 reais correspondem a _____

c) 25% de 800 reais correspondem a _____

d) 30% de 800 reais correspondem a _____

PROBLEMAS

1. Observe a coleção de bonés de Flávia.

   a) Os bonés azuis correspondem a que fração da coleção?
   _____

   b) Escreva uma subtração cujo resultado seja a fração da coleção que corresponde aos bonés verdes.

2. Nair comprou um terreno no qual pretende construir uma casa e fazer um pomar. Para isso, ela dividiu o terreno em 8 partes iguais e reservou 6 dessas partes para o pomar e 2 partes para a construção da casa. Em que fração do terreno Nair fará o pomar?

   _____

3. Quatro estudantes fizeram uma pesquisa sobre a quantidade de moradores de um município. Leia a informação que cada um coletou sobre os moradores com menos de 10 anos de idade.

   Joana: $\dfrac{10}{358}$ dos moradores têm menos de 10 anos de idade.

   Gustavo: $\dfrac{100}{3508}$ dos moradores têm menos de 10 anos de idade.

   Keila: $\dfrac{20}{706}$ dos moradores têm menos de 10 anos de idade.

   Ígor: $\dfrac{5}{179}$ dos moradores têm menos de 10 anos de idade.

   a) Quais desses estudantes usaram frações equivalentes para representar a relação entre os moradores com menos de 10 anos e o total de habitantes do município? _____

   b) Sabendo que a informação de Joana está correta, que estudantes devem ter se equivocado? _____

MÓDULO 5

4. Um time de futebol está passando por alguns problemas. Ao fazer a análise da quantidade de jogadoras disponíveis para o próximo jogo, a técnica constatou que:

- $\frac{1}{7}$ das jogadoras está machucada e não pode jogar;
- $\frac{2}{7}$ das jogadoras estão cumprindo suspensão por terem recebido cartões vermelhos em jogos anteriores.

No futebol, o jogador que recebe um cartão vermelho é expulso do jogo e fica impedido de disputar uma ou mais partidas pelo time.

Que fração das jogadoras desse time de futebol não poderá atuar no próximo jogo?

_____

5. A responsável por um *site* de jogos educativos fez uma análise dos acessos da última semana. Ela verificou que houve 3 000 acessos e que, desse total, 25% aconteceram fora do Brasil.

Quantos acessos fora do Brasil ocorreram na semana analisada?

_____

cinquenta e três 53

EXPLORE MAIS

1. Joaquim estava preparando uma receita de bolo que pedia $\frac{3}{4}$ de uma xícara de leite.

   Como ele não tinha um medidor, pensou em dividir o conteúdo de uma xícara em partes iguais e, assim, obter a quantidade de leite necessária para a receita.

   Para obter essa medida, Joaquim dividiu o conteúdo da xícara em ■ partes iguais e utilizou ▲ dessas partes na receita. Os valores ■ e ▲ são, respectivamente:

   a) ☐ 3 e 4.

   b) ☐ 4 e 4.

   c) ☐ 4 e 3.

   d) ☐ 7 e 3.

2. Observe as figuras de cada quadro.

   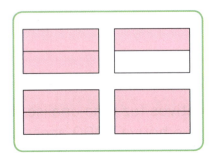 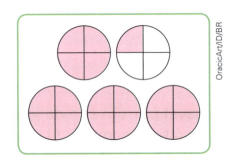

   Assinale a alternativa que mostra o número misto que pode representar as figuras de cada um dos quadros.

   a) ☐ $3\frac{1}{2}$ e $4\frac{1}{2}$

   b) ☐ $3\frac{1}{2}$ e $4\frac{1}{4}$

   c) ☐ $3\frac{1}{8}$ e $5\frac{1}{4}$

   d) ☐ $4\frac{1}{2}$ e $5\frac{1}{5}$

3. Qual é a fração equivalente a $\frac{9}{10}$ cujo numerador é 18?

   a) ☐ $\frac{9}{18}$

   b) ☐ $\frac{18}{18}$

   c) ☐ $\frac{18}{10}$

   d) ☐ $\frac{18}{20}$

MÓDULO 5

4. Uma organização não governamental (ONG) está fazendo a recuperação de uma área que foi desmatada. Para isso, uma equipe replantou árvores nativas em $\frac{3}{7}$ dessa área.

Em que fração dessa área ainda não foram replantadas espécies nativas?

Equipe de ONG plantando uma árvore.

a) ☐ $\frac{1}{7}$

b) ☐ $\frac{3}{7}$

c) ☐ $\frac{4}{7}$

d) ☐ $\frac{7}{7}$

5. Raul fez uma pesquisa sobre as crianças no Brasil e encontrou a seguinte informação no *site* do Instituto Brasileiro de Geografia e Estatística (IBGE):

Fonte de pesquisa: *IBGE Educa*. Disponível em: https://educa.ibge.gov.br/criancas/brasil/ nosso-povo/20785-as-criancas-no-brasil.html. Acesso em: 18 abr. 2022.

Segundo essa informação, qual é o percentual de pessoas que moram no Brasil e têm até 12 anos?

a) ☐ 12%

b) ☐ 17%

c) ☐ 83%

d) ☐ 100%

cinquenta e cinco **55**

MÓDULO 6

NÚMEROS DECIMAIS

Os números decimais

1. Associe os números na forma decimal à sua representação na forma de fração.

1,25	0,001	3,9	0,245	0,03	0,6	0,98

$\dfrac{39}{10}$	$\dfrac{3}{100}$	$\dfrac{98}{100}$	$\dfrac{125}{100}$	$\dfrac{1}{1000}$	$\dfrac{6}{10}$	$\dfrac{245}{1000}$

2. Represente cada fração a seguir usando números na forma decimal.

a) $\dfrac{5}{10}$ = _____

b) $\dfrac{38}{10}$ = _____

c) $\dfrac{85}{100}$ = _____

d) $\dfrac{368}{100}$ = _____

e) $\dfrac{98}{1000}$ = _____

f) $\dfrac{1056}{1000}$ = _____

g) $\dfrac{1001}{1000}$ = _____

h) $\dfrac{1001}{100}$ = _____

● Agora, complete o quadro com os números que você escreveu acima.

Parte inteira			Parte decimal		
Centena (C)	Dezena (D)	Unidade (U)	Décimos (d)	Centésimos (c)	Milésimos (m)

Adição e subtração com números decimais

3. Calcule o resultado das adições utilizando o algoritmo usual.

a) 31,567 + 10,322 = _____

| D | U, | d | c | m |

c) 13,608 + 3,342 = _____

| D | U, | d | c | m |

b) 0,42 + 4,567 = _____

| U, | d | c | m |

d) 12,305 + 1,239 = _____

| D | U, | d | c | m |

4. Calcule o resultado das subtrações utilizando o algoritmo usual.

a) 9,578 − 2,362 = _____

| U, | d | c | m |

c) 29,35 − 28,92 = _____

| D | U, | d | c |

b) 0,998 − 0,585 = _____

| U, | d | c | m |

d) 10,78 − 6,821 = _____

| D | U, | d | c | m |

Multiplicação com números decimais

5. Calcule o resultado das multiplicações a seguir.

a) $3 \times 15,34 =$ _____

b) $7 \times 12,268 =$ _____

c) $2 \times 7,28 =$ _____

d) $5 \times 3,42 =$ _____

e) $6 \times 12,15 =$ _____

f) $4 \times 32,278 =$ _____

g) $5 \times 21,67 =$ _____

h) $9 \times 2,128 =$ _____

Divisão entre dois números naturais com quociente decimal

6. Calcule o resultado das divisões utilizando o algoritmo usual até obter resto zero.

a) 12 ÷ 5 = _____

d) 21 ÷ 2 = _____

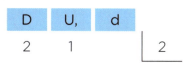

b) 15 ÷ 6 = _____

e) 23 ÷ 5 = _____

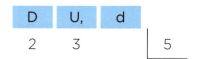

c) 33 ÷ 2 = _____

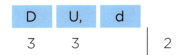

f) 38 ÷ 8 = _____

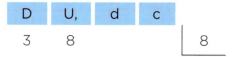

Divisão de um número decimal por um número natural, com quociente decimal

7. Calcule o quociente das divisões a seguir usando o algoritmo usual.

a) $56,4 \div 4 =$ _____

b) $301,84 \div 7 =$ _____

8. Veja como Susana dividiu 24,42 por 3. Depois, resolva cada item da mesma maneira que Susana.

$$24,42 = 24 + 0,42$$
$$24,42 \div 3 = 24 \div 3 + 0,42 \div 3$$
$$24,42 \div 3 = \quad 8 \quad + \quad 0,14 = 8,14$$

Giz de Cera/Léo Fanelli/ID/BR

a) $55,50 \div 5 =$ _____

c) $256,32 \div 4 =$ _____

b) $64,48 \div 8 =$ _____

d) $729,81 \div 9 =$ _____

60 sessenta

MÓDULO 6

Multiplicação e divisão com decimais por 10, por 100 e por 1000

9. Complete as lacunas a seguir com 10, 100 ou 1 000, de modo que as sentenças se tornem verdadeiras.

a) 85,876 × _____ = 85 876

b) 14,56 × _____ = 1 456

c) 17,1 × _____ = 171

d) 72,9 × _____ = 729

e) 129,112 × _____ = 129 112

f) 108,32 × _____ = 10 832

g) 19,152 × _____ = 19 152

h) 321,12 × _____ = 32 112

10. Calcule o quociente das divisões a seguir.

a) 95 ÷ 10 = _____

b) 87 ÷ 100 = _____

c) 72 ÷ 1000 = _____

d) 123 ÷ 10 = _____

e) 325 ÷ 100 = _____

f) 749 ÷ 1000 = _____

g) 1348 ÷ 1000 = _____

h) 3529 ÷ 100 = _____

11. Leia cada situação a seguir e resolva-a mentalmente. Em seguida, escreva o resultado obtido.

a) Se 1 bala custa R$ 0,55, quanto custam 100 dessas balas? _____

b) Se 1 fotocópia custa R$ 0,85, quanto custam 1000 dessas fotocópias?
_____

c) Se 1 *pen drive* custa R$ 21,73, quanto custam 10 desses *pen drives*?
_____

d) Se 10 envelopes custam R$ 5,30, quanto custa 1 envelope? _____

e) Se 100 botões custam R$ 29,00, quanto custa 1 botão? _____

f) Se 1000 sacolas plásticas custam R$ 360,00, quanto custa 1 sacola plástica? _____

sessenta e um **61**

PROBLEMAS

1. Observe o gráfico a seguir.

Fonte de pesquisa: IBGE Educa. Disponível em: https://educa.ibge.gov.br/jovens/conheca-o-brasil/populacao/18317-educacao.html. Acesso em: 18 abr. 2022.

Agora, responda às questões de acordo com o gráfico.

a) Qual foi o nível de instrução de maior percentual?

_____

b) Qual foi, em 2019, o percentual relativo ao nível de instrução Ensino Médio completo?

_____

2. Em uma loja de roupas, Marina escolheu uma blusa e uma saia.

Quanto Marina vai pagar por essa compra?

MÓDULO 6

3. Veja os valores de alguns eletrodomésticos em promoção.

Imagens sem proporção de tamanho entre si.

Geladeira. R$ 1897,85
Fogão. R$ 899,35
Lavadora de roupas. R$ 1368,75
Forno elétrico. R$ 765,25

a) Elis comprou um desses produtos e pagou em 5 parcelas de R$ 273,75 cada uma. Que produto ela comprou?

_____

b) Juca quer comprar todos esses eletrodomésticos. Aproximadamente, de quanto ele precisa?

_____

4. Ricardo participa de competições de corrida. Para treinar, ele costuma dar 10 voltas por todo o contorno de um parque, que tem aproximadamente 809,58 m de comprimento.

a) Quantos metros Ricardo percorre em um treino?

_____

b) Essa medida de comprimento equivale a mais de 8 km ou menos de 8 km?

_____

sessenta e três 63

EXPLORE MAIS

1. Leia ao lado o que Flora está dizendo.

   Como pode ser lido o número que indica a extensão territorial do município de Santa Cruz de Minas?

   a) ☐ Três inteiros e quinhentos e sessenta e cinco décimos.

   b) ☐ Três inteiros e quinhentos e sessenta e cinco centésimos.

   c) ☐ Três inteiros e quinhentos e sessenta e cinco milésimos.

   d) ☐ Três inteiros e quinhentos e sessenta e cinco décimos de milésimos.

Segundo o Instituto Brasileiro de Geografia e Estatística (IBGE), o menor município do Brasil é Santa Cruz de Minas, no estado de Minas Gerais, com extensão territorial de 3,565 quilômetros quadrados.

2. Observe, a seguir, a divisão que Leandro fez.

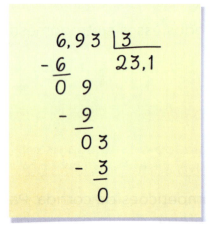

Leandro cometeu um erro ao realizar essa operação. Qual é o resultado correto da divisão de 6,93 por 3?

a) ☐ 0,231

b) ☐ 2,301

c) ☐ 2,31

d) ☐ 23,10

64 sessenta e quatro

3. Mílton vai instalar algumas lâmpadas no quintal da casa dele. Após fazer as medições, ele constatou que vai precisar de 16 m de fio.

Sabendo que o metro de fio custa R$ 9,80, quanto Mílton pagará por essa quantidade de fio?

a) ☐ R$ 142,40

b) ☐ R$ 144,00

c) ☐ R$ 156,00

d) ☐ R$ 156,80

4. Os tardígrados são seres microscópicos que podem sobreviver a temperaturas extremas, sendo considerados quase indestrutíveis. A medida do comprimento do tardígrado varia de 50 a 1200 micrômetros.

Tardígrado caminhando sobre um musgo.
Ampliação microscópica eletrônica em 1120 vezes.

O micrômetro é uma unidade de medida usada para comprimentos bem pequenos, pois 1 milímetro corresponde a 1000 micrômetros.

Para transformar uma medida dada em micrômetro em uma medida dada em milímetro, devemos dividir o número que indica a medida em micrômetro por 1000.

Assim, a medida do comprimento desses animais varia de:

a) ☐ 5 milímetros a 120 milímetros.

b) ☐ 0,5 milímetro a 12 milímetros.

c) ☐ 0,05 milímetro a 1,2 milímetro.

d) ☐ 0,005 milímetro a 0,12 milímetro.

MÓDULO 7
GRANDEZAS E MEDIDAS

Medidas de comprimento

1. Complete as igualdades em cada item.

   a) 1 km: _____ m
   c) 1 m: _____ cm
   e) 1 dm: _____ cm
   b) 1 m: _____ km
   d) 1 cm: _____ m
   f) 1 cm: _____ dm

2. Observe as medidas de comprimento em cada situação a seguir. Depois, complete a frase com a medida correspondente.

   a)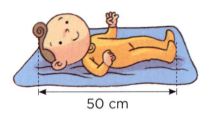

   O bebê tem _____ metro de altura.

   b)

   O sapato tem _____ centímetros de comprimento.

   c)

   O túnel tem _____ quilômetros de extensão.

   d)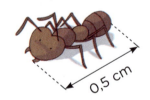

   A formiga mede _____ milímetros.

3. Relacione as fichas que representam a mesma medida de comprimento.

   75 cm   7 dm   1,75 m   0,75 km   70 mm   0,007 m

   70 cm   750 m   7 cm   0,75 m   7 mm   17,5 dm

Medidas de massa

3. Pinte as fichas que indicam medidas de massa maiores que 1 kg.

4. Escreva quantos quilogramas há, no total, em cada item a seguir.

a)

No total, há _____ de farinha.

b)

No total, há _____ de sabão.

Medidas de capacidade

5. Quantos copos cheios, com capacidade de 250 mL cada um, são necessários para encher completamente cada recipiente a seguir? Escreva a quantidade obtida nos respectivos quadrinhos.

6. Observe o recipiente ao lado. Depois, classifique as afirmações em verdadeiras (**V**) ou falsas (**F**).

☐ Esse recipiente tem capacidade para mais de 500 mL.

☐ Para encher completamente esse recipiente, é necessário o líquido de exatamente 5 copos cheios com capacidade de 300 mL cada um.

☐ A capacidade desse recipiente é igual a 150 mL.

7. Complete as igualdades. Faça os cálculos mentalmente.

a) $\dfrac{1}{2}$ L = _____ mL

b) 0,25 L = _____ mL

c) $\dfrac{1}{4}$ L = _____ mL

d) 0,002 L = _____ mL

e) 640 mL = _____ L

f) 0,015 L = _____ mL

MÓDULO 7

Medidas de temperatura

8. Observe a tabela com a previsão das temperaturas mínima e máxima de três cidades brasileiras em alguns dias de abril de 2022.

Previsão de temperatura (2022)						
Cidade	Temperatura	Data				
		25/4	26/4	27/4	28/4	29/4
Fortaleza	Mínima	23 °C	23 °C	23 °C	24 °C	24 °C
	Máxima	31 °C	31 °C	31 °C	31 °C	31 °C
Curitiba	Mínima	13 °C	13 °C	15 °C	16 °C	17 °C
	Máxima	25 °C	26 °C	28 °C	29 °C	27 °C
São Paulo	Mínima	17 °C	18 °C	17 °C	19 °C	19 °C
	Máxima	29 °C	31 °C	31 °C	33 °C	30 °C

Fonte de pesquisa: Instituto Nacional de Meteorologia (Inmet). Disponível em: https://previsao.inmet.gov.br/. Acesso em: 25 abr. 2022.

a) Em qual dessas cidades foi prevista a menor temperatura máxima nesse período?

_____

b) Complete o quadro com a variação diária entre a temperatura máxima e a temperatura mínima de cada cidade.

Data / Cidade	25/4	26/4	27/4	28/4	29/4
Fortaleza					
Curitiba					
São Paulo					

c) Em qual dessas cidades a variação diária entre a temperatura máxima e a temperatura mínima foi maior? Qual foi o dia e qual foi essa variação?

_____

d) Em qual dessas cidades a variação diária entre a temperatura máxima e a temperatura mínima foi menor? Qual foi o dia e qual foi essa variação?

_____

sessenta e nove **69**

Medidas de tempo

9. Complete as igualdades a seguir.

a) $\frac{1}{2}$ hora = _____ minutos

b) $\frac{1}{5}$ hora = _____ minutos

c) $\frac{2}{5}$ hora = _____ minutos

d) $\frac{1}{6}$ hora = _____ minutos

e) $\frac{5}{6}$ hora = _____ minutos

f) $\frac{2}{3}$ hora = _____ minutos

10. Geraldo chegou ao banco às 10 horas e 25 minutos e saiu desse local às 11 horas e 10 minutos. Quanto tempo Geraldo ficou no banco?

_____

11. Elabore um problema com os termos indicados nas fichas a seguir. Depois, troque de livro com um colega para que um resolva o problema elaborado pelo outro.

século   anos   idade

_____
_____
_____
_____
_____
_____

O dinheiro

12. Gabriel foi à padaria e comprou pão, manteiga e leite. Veja o que o funcionário disse a ele.

a) Observe as cédulas que Gabriel usou para pagar a compra.

- Gabriel vai receber troco? Se sim, de quanto será o troco?

_____

b) O funcionário perguntou a Gabriel se ele teria mais cédulas e moedas para facilitar o troco. Com quais cédulas e moedas ele pode complementar o pagamento dessa compra para facilitar o troco? Desenhe essas cédulas e moedas no espaço a seguir. Depois, explique aos colegas e ao professor como você pensou.

setenta e um 71

Perímetro e área

13. Observe as figuras abaixo. Em seguida, faça o que se pede.

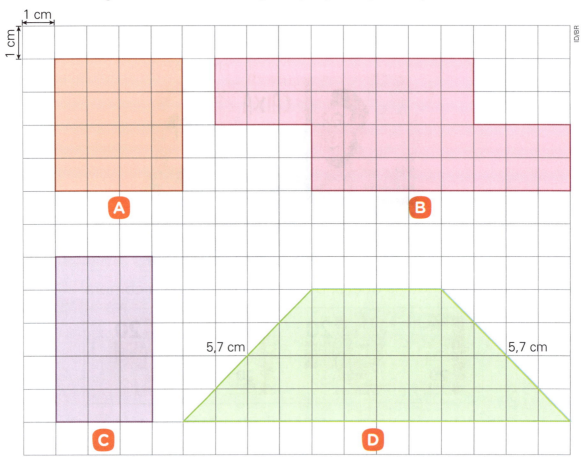

a) Complete o quadro abaixo.

Figura	Perímetro (em centímetro)	Área (em centímetro quadrado)
A		
B		
C		
D		

b) Quais figuras têm perímetros iguais? _____

c) As figuras que você indicou no item **b** têm a mesma área? _____

d) Quais figuras têm áreas iguais? _____

e) As figuras que você indicou no item **d** têm o mesmo perímetro? Elas têm o mesmo formato? _____

Ideia de volume

14. Observe o bloco retangular a seguir.

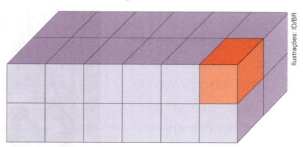

Qual é o volume desse bloco, considerando o bloco vermelho como unidade de medida?

_____

15. Observe os empilhamentos representados a seguir e, considerando o como unidade de medida, determine o volume de cada um.

a)

_____

b)

_____

c)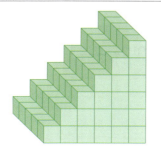

_____

d)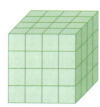

_____

e)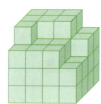

_____

f)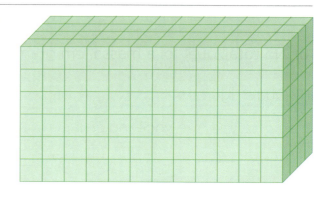

_____

PROBLEMAS

1. Leia o texto a seguir.

> A maratona é uma prova de corrida de rua em que os atletas percorrem uma distância de 42,195 km. Outra prova de rua é a marcha atlética, em que os corredores percorrem distâncias de 20 km e 50 km.

Atletas participando da Maratona da Cidade do Rio de Janeiro. Foto de 2021.

Como as medidas informadas no texto acima podem ser indicadas em metro? Faça os cálculos mentalmente.

_____

2. Lúcio foi ao sacolão e comprou algumas frutas e legumes. Veja a massa de cada alimento que ele comprou.

a) Qual foi o alimento que Lúcio comprou em menor quantidade? Justifique.

_____

_____

b) No total, qual foi a massa, em grama, dos alimentos que Lúcio comprou?

_____

74 setenta e quatro

3. Ivo comprou duas garrafas de suco concentrado de 500 mL cada uma. O modo de preparo indica que, para cada medida de suco, devem ser adicionadas 3 medidas de água.

Quantos litros de suco Ivo pode preparar com as garrafas que comprou?

_____

4. Maurício consultou a previsão da temperatura para São Paulo no dia 24 de maio de 2022 e encontrou a previsão representada ao lado.

Classifique cada afirmação a seguir como verdadeira (**V**) ou falsa (**F**), de acordo com os dados da imagem.

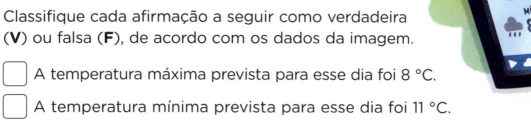

☐ A temperatura máxima prevista para esse dia foi 8 °C.

☐ A temperatura mínima prevista para esse dia foi 11 °C.

☐ As temperaturas máxima e mínima previstas para esse dia foram 19 °C e 8 °C, respectivamente.

☐ A diferença entre as temperaturas máxima e mínima previstas para esse dia foi de 11 °C.

5. Uma empresa de cosméticos está comemorando 5 décadas de existência. Quantos anos tem essa empresa?

_____

6. Fernando faz doações mensais de R$ 32,00 a uma instituição que cuida de animais silvestres machucados para devolvê-los à natureza. Em um ano, qual será a contribuição total de Fernando?

_____

setenta e cinco 75

EXPLORE MAIS

1. Indique a alternativa em que a igualdade não é verdadeira.

a) ☐ 5,5 m = 550 cm

b) ☐ 0,65 km = 650 m

c) ☐ 3 000 cm = 3 m

d) ☐ 48 600 m = 48,6 km

2. Cada recipiente a seguir tem capacidade para 1 L de líquido. Marque com um **X** a alternativa que indica corretamente a quantidade de líquido no recipiente.

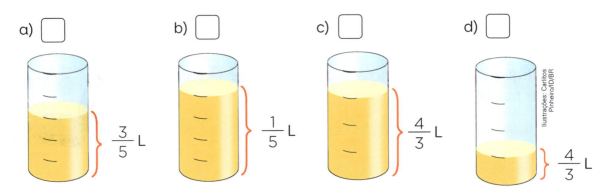

a) ☐ $\frac{3}{5}$ L

b) ☐ $\frac{1}{5}$ L

c) ☐ $\frac{4}{3}$ L

d) ☐ $\frac{4}{3}$ L

3. Nélson trabalhava em uma indústria automobilística e aposentou-se após 473 meses de trabalho.

Marque com um **X** a alternativa correta.

a) ☐ Nélson trabalhou exatamente 39 anos.

b) ☐ Nélson trabalhou aproximadamente 4 décadas.

c) ☐ Nélson trabalhou aproximadamente meio século.

d) ☐ Faltavam 5 meses para Nélson completar 39 anos de trabalho.

4. A largura da quadra de futebol representada a seguir corresponde à metade do seu comprimento.

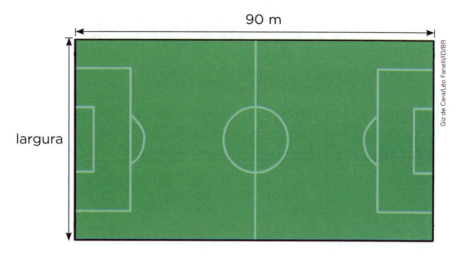

Qual é o perímetro dessa quadra?

a) ☐ 45 m

b) ☐ 90 m

c) ☐ 270 m

d) ☐ 360 m

5. Quantas caixinhas de bombom cabem na caixa abaixo?

a) ☐ 64 caixinhas.

b) ☐ 512 caixinhas.

c) ☐ 4 096 caixinhas.

d) ☐ 8 000 caixinhas.

MÓDULO 8

ESTATÍSTICA E PROBABILIDADE

Tabelas e gráficos

1. Ricardo é professor de Ciências das turmas de 5º ano. Na escola onde ele trabalha, está sendo realizada uma pesquisa sobre saúde bucal. Observe a tabela que Ricardo fez após a coleta dos dados.

Última visita ao dentista		
Turma / Frequência	5º ano A	5º ano B
Menos de 6 meses	5	7
De 6 meses a 1 ano	3	6
De 1 a 2 anos	6	6
Mais de 2 anos	4	4
Nunca foi	8	6

Dados obtidos pelo professor Ricardo.

Agora, complete o gráfico de acordo com os dados da tabela acima.

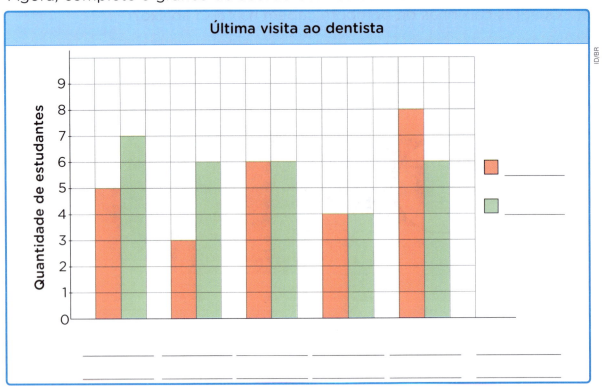

78 setenta e oito

2. Lucas tem uma pista de patinação e registrou em um gráfico de linhas a quantidade de patins alugados nos últimos seis meses.

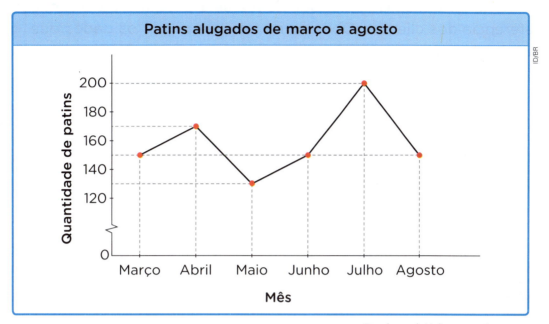

Dados obtidos por Lucas.

Analise o gráfico acima e, depois, faça o que se pede.

a) Em qual mês foram alugados mais patins?
_____

b) Qual foi o mês com o menor número de patins alugados?
_____

c) O que aconteceu com a quantidade de patins alugados entre os meses de maio a julho?
_____

d) Elabore um problema que envolva os dados apresentados no gráfico. Depois, troque com um colega para que um resolva o problema elaborado pelo outro.
_____
_____
_____
_____

setenta e nove

3. Micaela é dona de duas confeitarias: uma no bairro do Cata-vento e outra no bairro da Peteca. Ela estava em dúvida sobre qual sabor de bolo não deveria faltar em suas confeitarias e fez uma pesquisa para conhecer a preferência dos clientes. Observe na tabela a seguir os dados que Micaela obteve.

Preferência dos clientes das confeitarias		
Bairro / Sabor de bolo	Cata-vento	Peteca
Doce de leite com ameixa	32	24
Frutas cristalizadas	24	32
Abacaxi com coco	12	20
Frutas vermelhas	34	30
Chocolate amargo	8	12

Dados obtidos por Micaela.

a) Com base na tabela acima, construa um gráfico de colunas duplas usando uma planilha eletrônica.

b) Agora, imagine que você tivesse construído o gráfico de colunas duplas sem utilizar uma planilha eletrônica. Em sua opinião, qual seria a principal característica comum entre esses dois gráficos? E qual das duas maneiras de elaborar o gráfico é mais simples?

_____

_____

_____

_____

c) De acordo com a preferência dos clientes, qual sabor de bolo Micaela não pode deixar faltar em cada confeitaria?

_____

_____

_____

_____

Média aritmética

4. Leonardo fez um levantamento da quantidade de cadernos vendidos no primeiro semestre de 2023 na papelaria em que trabalha. Observe o gráfico que ele construiu.

Dados obtidos por Leonardo.

a) Em qual mês foram vendidos mais cadernos?

_____

b) Quantos cadernos foram vendidos em fevereiro?

_____

c) Qual é a diferença entre o número de cadernos vendidos em janeiro e o número de cadernos vendidos em junho?

_____

d) Qual foi a média de venda de cadernos por mês nesse semestre?

_____

Chance de um evento ocorrer

5. Larissa tem uma caixa com 11 bolas de mesmo tamanho e material, numeradas de 1 a 11. Ela vai retirar uma dessas bolas da caixa sem olhar e, depois, vai observar o número que saiu.

a) Quais números Larissa pode tirar?

b) Quantas possibilidades ela tem de retirar uma bola com o número 7?

c) Quantas possibilidades ela tem de retirar uma bola com o número 11?

d) Cada bola numerada tem a mesma chance de ser retirada? Por quê?

6. Samanta vai pegar, sem olhar, um lápis de cor do estojo dela. Observe os 24 lápis de cor que ela tem.

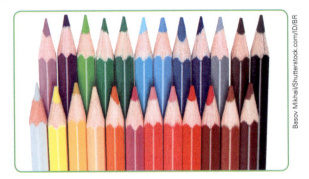

a) Qual é a chance de Samanta pegar um lápis branco?

b) Qual é a chance de ela pegar um lápis preto?

c) A chance de pegar um lápis verde é igual à de pegar um lápis preto? Por quê?

82 oitenta e dois

Cálculo de probabilidade

7. Fernanda vai girar a roleta a seguir e observar o número que a seta vai indicar quando a roleta parar.

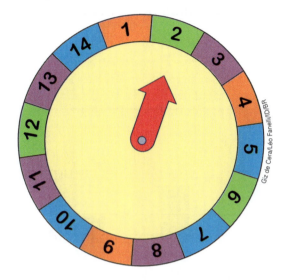

a) Ao girar a roleta, qual dos números tem mais chance de sair? Justifique sua resposta.

_____
_____
_____

b) A probabilidade de sair um número par é igual, maior ou menor que a de sair um número ímpar? Justifique.

_____
_____

c) Qual é a probabilidade de sair um número par?

_____

d) Qual é a probabilidade de sair um número menor que 8?

_____

e) Qual é a probabilidade de sair um número par maior que 5?

_____

PROBLEMAS

1. Observe o gráfico elaborado pelo professor de Educação Física a seguir.

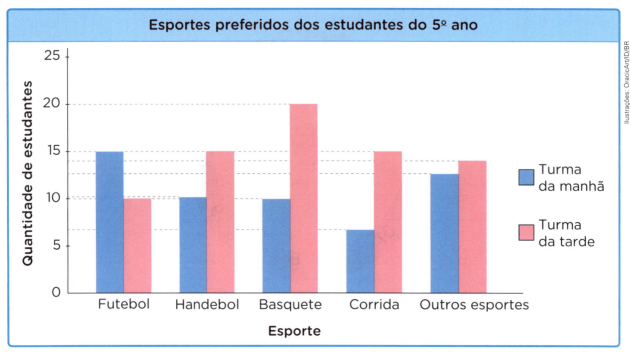

Dados obtidos pelo professor de Educação Física.

Considerando o gráfico acima, qual é o esporte preferido das turmas da manhã e da tarde?

_____

2. Gil fez uma pesquisa para avaliar o nível de satisfação dos clientes em relação ao atendimento recebido em sua loja. Ele constatou que 500 clientes consideram o atendimento ótimo, 600 clientes consideram o atendimento bom, 400 clientes consideram o atendimento regular e 200 clientes consideram o atendimento ruim.

Para apresentar esses resultados aos funcionários da loja, Gil vai utilizar uma planilha eletrônica. Veja ao lado as informações que ele já inseriu na planilha.

Que informação Gil vai inserir na célula B5?

	A	B
1	Satisfação dos clientes em relação ao atendimento na loja	
2	Avaliação	Quantidade de clientes
3	Ótimo	
4	Bom	
5	Regular	
6	Ruim	
7		

_____

_____

3. Observe o gráfico a seguir e, depois, faça o que se pede.

Dados obtidos pela Secretaria de Educação do município.

a) O que ocorreu com a quantidade de estudantes nas escolas municipais no período de 2018 a 2022?

_____

b) Em quais desses anos a quantidade de estudantes foi 10% maior do que a do ano de 2022?

_____

_____

c) Complete a tabela a seguir de acordo com o gráfico.

Evolução da quantidade de estudantes nas escolas municipais						
Ano						
Quantidade de estudantes						

Dados obtidos pela Secretaria de Educação do município.

4. Neste bimestre, Flávia fez duas provas de Matemática e um seminário sobre povos indígenas. A nota final do bimestre é dada pela média aritmética dessas três notas.

Qual será a nota final de Flávia nesse bimestre?

_____

Boletim escolar
Aluna: Flávia
Prova 1: 8,5
Prova 2: 7,4
Seminário: 9,6

oitenta e cinco 85

EXPLORE MAIS

1. A Secretaria de Saúde de um município fez uma campanha para incentivar mulheres a fazer exames de prevenção contra diferentes doenças. Veja a quantidade de exames realizados em duas semanas de campanha.

Semana / Tipo de exame	1	2
Sangue	2 089	3 397
Ultrassonografia	1 060	2 135

Quantidade de exames realizados durante a companha

Dados obtidos pela Secretaria de Saúde do município.

Qual é o gráfico que corresponde aos dados da tabela acima?

a)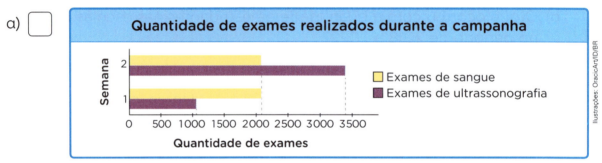

Dados obtidos pela Secretaria de Saúde do município.

b)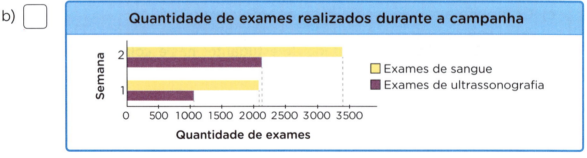

Dados obtidos pela Secretaria de Saúde do município.

c)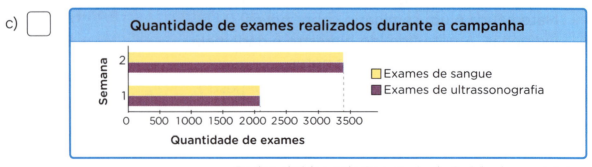

Dados obtidos pela Secretaria de Saúde do município.

d) ☐

Quantidade de exames realizados durante a campanha

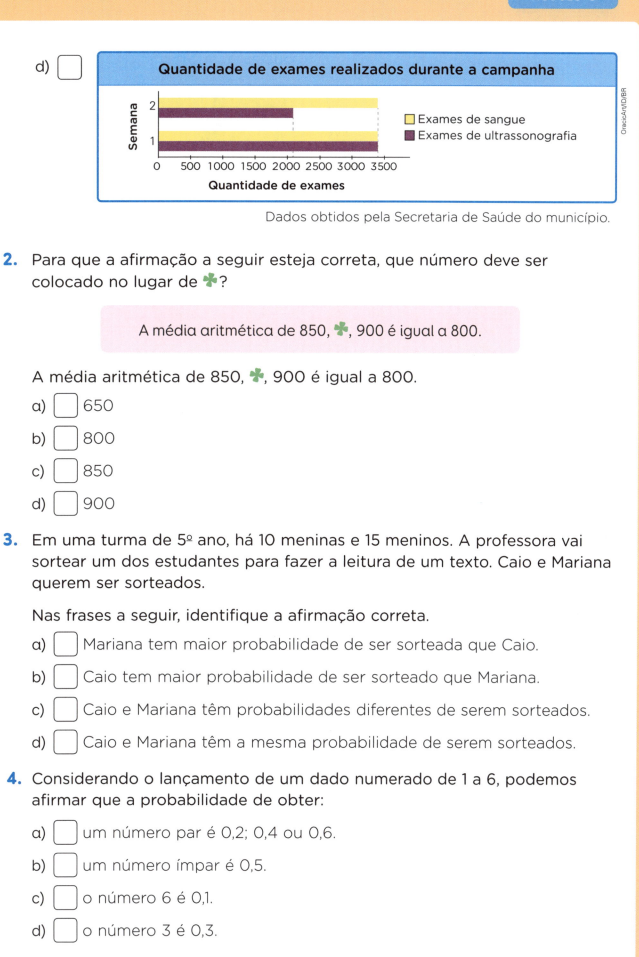

Dados obtidos pela Secretaria de Saúde do município.

2. Para que a afirmação a seguir esteja correta, que número deve ser colocado no lugar de ♣?

> A média aritmética de 850, ♣, 900 é igual a 800.

A média aritmética de 850, ♣, 900 é igual a 800.

a) ☐ 650

b) ☐ 800

c) ☐ 850

d) ☐ 900

3. Em uma turma de 5º ano, há 10 meninas e 15 meninos. A professora vai sortear um dos estudantes para fazer a leitura de um texto. Caio e Mariana querem ser sorteados.

Nas frases a seguir, identifique a afirmação correta.

a) ☐ Mariana tem maior probabilidade de ser sorteada que Caio.

b) ☐ Caio tem maior probabilidade de ser sorteado que Mariana.

c) ☐ Caio e Mariana têm probabilidades diferentes de serem sorteados.

d) ☐ Caio e Mariana têm a mesma probabilidade de serem sorteados.

4. Considerando o lançamento de um dado numerado de 1 a 6, podemos afirmar que a probabilidade de obter:

a) ☐ um número par é 0,2; 0,4 ou 0,6.

b) ☐ um número ímpar é 0,5.

c) ☐ o número 6 é 0,1.

d) ☐ o número 3 é 0,3.

oitenta e sete 87